OCÉAN GLACIAL ARCTIQUE
Pays des Dragons
Pays des Licornes
FINLANDE
RUSSIE
SIBÉRIE
KAMCHATKA
LAC BAIKAL
AMOUR
MER NOIRE
MONGOLIE
CHINE
JAPON
HIMALAYA
TIBET
IRAN
ÉGYPTE
ARABIE
MER D'OMAN
INDE
GOLFE DU BENGALE
SRI LANKA
TROPIQUE DU CANCER
OCÉAN PACIFIQUE
PHILIPPINES
INDONÉSIE
OCÉAN INDIEN
MADAGASCAR
ÎLE DE LA RÉUNION
AUSTRALIE
Grande Barrière de Corail
Sydney
Canberra
Melbourne
NOUVELLE-ZÉLANDE
Wellington
ANTARCTIQUE

RETROUVEZ VITE LES LIVRES DE RICHARD UNGLIK AUX EDITIONS CASTERMAN !

Édité par Éditions Casterman, Cantersteen, 47, 1000 Bruxelles.

www.casterman.com

ISBN 978-9-941-24450-6

Dépôt légal : mars 2015 ; D.2015/0053/114

Déposé au ministère de la Justice, mars 2015, Paris (loi n° 49.956 du 16 juillet 1949 sur les publications destinées à la jeunesse).

Achevé d'imprimer en décembre 2014, en Chine par C & C Offset Printing CO., LTD.
14/F, C&C Building, 36 Ting Lai Road, Tai Po, N. T. Hong Kong

MON TOUR DU MONDE AVEC playmobil®

3. DE L'ARABIE SAOUDITE À L'ANTARCTIQUE

Bonjour !
Êtes-vous toujours d'accord pour m'accompagner autour du monde ?
Me voilà parti à la découverte des mystères de l'Asie !
Quelle diversité de paysages et de cultures !
Je traverse l'Arabie saoudite, et ses puits de pétrole bordés par la mer Rouge, gagne l'Inde, le Népal et les sommets de l'Himalaya.
Après quoi je visite la Chine, sur les traces de Marco Polo, le Japon et le Cambodge.
Et comme les grandes distances ne me font pas peur, vous me retrouvez ensuite en Australie, parmi les kangourous, et même en Antarctique, tout près du pôle Sud, au milieu des manchots !

Vous êtes prêts à me suivre ?

TOP DÉPART !

Après l'Égypte, en traversant la mer Rouge
j'arrive en Arabie Saoudite
Me voici en Asie !

L'Arabie est une vaste péninsule désertique bordée par la mer Rouge et le golfe d'Aqa à l'ouest, par le golfe d'Aden au sud-oue par l'océan Indien au sud, par la mer d'Arabie au sud-est, et par le golfe d'Om et le golfe Persique à l'est.
Elle comprend sept États : l'Arabie saoudit le Yémen, Oman, le Qatar, les Émirats arabes unis, Koweït et Bahreïn.

L'Arabie doit son immense fortune au importants gisements de pétrole, « l'or noir », sans lesquels le monde moderne n'aurait pas le même visag le pétrole fournit en effet la quasi-totalité des carburants liqui et on l'utilise beaucoup pour l'industrie plastique et pour toute sortes de dérivés.

المملكة العربية السعودية
KINGDOM OF SAUDI ARABIA

L'Arabie est le berceau de l'Islam. C'est là que le prophète Mahomet est né en 570, qu'il eut sa révélation divine par la voix de archange Gabriel, en 610, lans la grotte de Hirâ, t qu'il a créé la dernière les religions monothéistes. Le Coran, le livre sacré de l'Islam, rappelle les grandes étapes de cette épopée.

Mosquée : lieu de culte où se rassemblent les musulmans pour les prières communes. Elle est entourée de plusieurs tours, ou minarets. Du haut d'un des minarets, le *muezzin* appelle à la prière. Les fidèles prient pieds nus, le front posé au sol et prosternés vers La Mecque, le lieu de naissance de Mahomet, le plus saint des sanctuaires de l'Islam.

Le vaisseau du désert

Le dromadaire est l'animal emblèmatique des déserts chauds qui recouvrent presque toute l'Arabie Saoudite. Il transporte des charges et des marchandises en de longues caravanes et permet de survivre dans un milieu particulièrement hostile. Bien adapté au sol brûlant du désert (grâce à ses pieds sans sabots), résistant à la chaleur et à la sécheresse (il transforme en eau la graisse de sa bosse !), peu exigeant quant à ses rations de nourriture, marcheur courageux, discipliné et endurant (40 a 50 km par jour pendant des semaines), le dromadaire mérite bien son surnom de « vaisseau du désert » !

ದಿ ಟೈಮ್ಸ್ ಆಫ್ ಇಂಡಿಯಾ
En Inde

bouddha

Ma première impression de l'Inde, c'est qu'à la création du monde, toutes les couleurs, tous les sons et toutes les odeurs de l'univers y ont été réunis! C'est un paradis des sens où tout est sujet d'émerveillement: les temples majestueux surchargés de décorations, les représentations bariolées de Ganesh, ce joyeux dieu à tête d'éléphant, les processions de maharadjas enturbannés, les vaches sacrées qui se reposent sur la route et que personne n'oserait déranger, tant elles sont respectées. Et partout, dans la foule, les couleurs délicates des saris, ces longs vêtements de soie portés par les femmes indiennes.

gandhi

Dans ce pays hors du commun, deux étoiles, deux phares, illuminent l'Humanité entière de leurs pensées: Bouddha et Gandhi. Bouddha vécut il y a 2500 ans. Il découvrit que la paix intérieure et la dissipation des souffrances s'obtenaient par la méditation et le renoncement. Le mahatma Gandhi (1869-1948) découvrit quelque chose d'encore plus extraordinaire: pour vaincre un ennemi, il faut lui opposer la « non-violence ».

ganesh

bûcher funéraire dans le gange

Shiva

Le Gange est le fleuve sacré des hindous : il est source de régénération pour qui se baigne dans ses eaux. Quand la mort survient, on y dresse de grands bûchers funéraires car la dispersion des cendres dans le Gange peut apporter une meilleure vie future. On dit que sa source se trouve dans la chevelure de Shiva, le dieu de la mort... et de la renaissance.

Plusieurs sites sacrés hindous se trouvent le long des rives du Gange, comme Bénarès. Sur ses quais, les ghats, des Sâdhu à la longue barbe sont dans un tel état de renoncement qu'ils en oublient leur corps et arrivent à marcher sur des braises ardentes ou bien à s'allonger sur une planche cloutée pendant plusieurs jours, sans bouger ni manger !

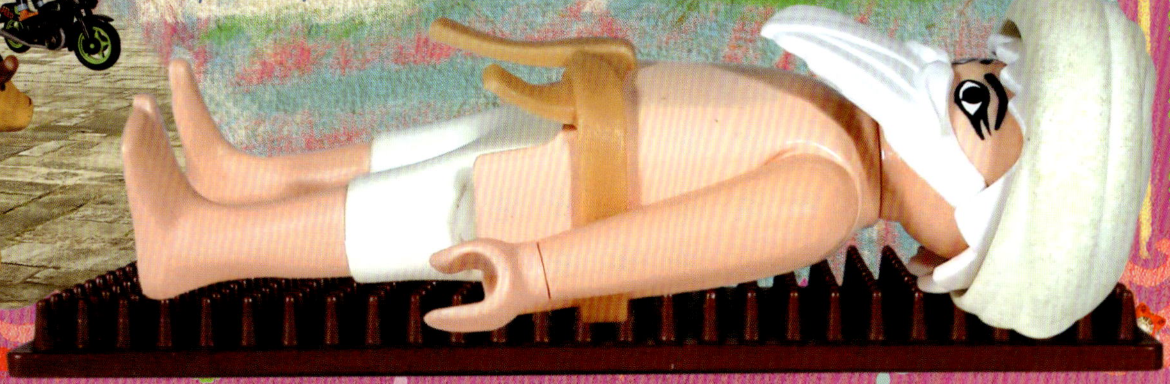

Aum : syllabe sanskrite que l'on retrouve dans l'hindouisme et le bouddhisme. Cette syllabe considérée comme le son originel, primordial, partir duquel l'Univers se serait structuré.

Symbole représentant la syllabe *Aum*.

Bonzes : prêtres ou religieux bouddhistes. On les reconnait facilement à leur crâne rasé et à leur robe safran (rouge-orange).

Lamas : nom donné aux bonzes du Tibet (ne pas confondre avec l'animal qui vit dans les Andes !).

Avant d'entreprendre quelques ascensions dans l'Himalaya, trois jours de calme et de recueillement dans un monastère bouddhiste sont les bienvenus.
Une étrange mélopée enveloppe le monastère : « Auuuummmmmmmmmmm ».

L'Himalaya est peuplé de plus de 60 ethnies et castes différentes: les Chhetris, les Bahun, les Newars, les Sherpas, etc.
Mais c'est à Katmandou, la capitale politique et religieuse du Népal, que je rencontre l'ethnie la plus étrange: des hippies. À la recherche de la sérénité, ils ont fui les États-Unis et l'Europe dans les années 1970, se sont établis ici et, pour certains, ne sont jamais retournés dans leur pays d'origine!

DANS L'HIMALAYA

George Mallory, quelques jours avant sa disparition en 1924.

Everest : point culminant du globe (8 848 m) dans l'Himalaya. Autre nom: Sagarmatha (le Toit du monde). Le sommet de l'Everest a été atteint pour la première fois le 29 mai 1953 par le Néo-Zélandais Edmund Hillary accompagné par son sherpa Norgay Tenzing. Avant eux, de nombreux pionniers tentèrent en vain l'ascension de l'Everest; certains, tels George Mallory et Andrew Irvine, y laissèrent la vie.

Me voici dans l'Himalaya. En sanskrit, Himalaya signifie « demeure des neiges ». C'est un ensemble de chaînes montagneuses abritant les plus hauts sommets de la planète, dont certains culminent à plus de 8000 mètres d'altitude. L'Everest est le plus élevé.

Demain, nous attaquerons l'ascension des pentes glacées de l'Annapurna, l'un des géants de l'Himalaya. En attendant, nous vérifions notre matériel et prenons du repos.

Pour nous réchauffer, nous tentons de faire du thé ; mais à cette altitude, l'eau peine à bouillir. Pendant la nuit, Kalsang, le sherpa du groupe, a entendu des bruits étranges. Et si c'était le mystérieux Yéti dont parlent tant de légendes?

Sherpa : groupe ethnique originaire du Tibet établi au pied du mont Everest. Ils servent de guides et de porteurs aux alpinistes de l'Himalaya.

J'ai peine à le croire : je suis en Chine !
L'un des berceaux de l'humanité…
la plus ancienne civilisation encore vivante !
C'est aussi le pays le plus peuplé au
monde : 1,3 milliard d'habitants.
Un Terrien sur cinq est chinois !

Dès l'aéroport, c'est un choc : pendant des siècles, la Chine s'est développée indépendamment du reste du monde. C'est pourquoi tout y est si dépaysant, insolite, étonnant… C'est un pays où la modernité la plus avancée côtoie une culture ancestrale, où les dragons sont bienfaisants et portent bonheur ; ils sont représentés un peu partout. C'est un pays où l'écologie n'est pas vraiment un souci mais où vivent les derniers pandas. C'est un pays où le régime politique est communiste et l'économie capitaliste.

北京地铁单程车票
完整车票当日乘车有效
请自觉遵守地铁规定
贰元
¥2.00
报销凭证
A157 014498

Le panda est ici un animal emblématique, car cet ours particulier ne vit que dans le centre de la Chine, au cœur de régions montagneuses recouvertes d'épaisses forêts de bambous, comme le Sichuan.

Une vieille rue de Shanghai pendant la mousson.

Une rizière devant la Grande Muraille de Chine.
Une rizière est un ensemble de terrasses inondées d'eau sur lesquelles on cultive le riz.
C'est une culture que les Chinois maîtrisent depuis au moins 8000 ans av. J.-C.
Le riz constitue la base de la cuisine locale. Il est présent dans tous les bols à tous les repas, dans toutes les régions.

Sur plus de 6000 kilomètres, la construction de la Grande Muraille a commencé sous la dynastie des Qin au IIIe siècle av. J.-C. et s'est poursuivie pendant près de deux mille ans. L'objectif de cet immense rempart était de lutter contre les incursions des nomades mongols venus du nord.
C'est, dit-on, la structure architecturale la plus importante jamais construite par l'homme, le seul monument terrestre visible depuis la Lune !

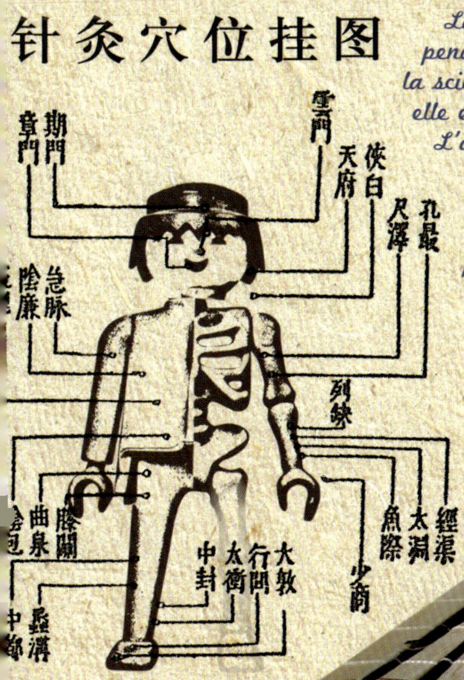

La médecine chinoise s'est développée pendant des siècles sans contact avec la science occidentale. C'est pourquoi elle est si différente de la nôtre.
L'acupuncture en est l'un de ses aspects les plus originaux. Elle repose sur l'utilisation de fines aiguilles pour piquer le corps en divers points, définis comme ayant une action sur l'organisme.

MARCO POLO EN

REPARTONS 750 ANS EN ARRIÈRE.

AU XIIIe SIÈCLE, AU TERME D'UN PÉRIPLE DE QUATRE ANS À TRAVERS L'ASIE, LE JEUNE MARCHAND VÉNITIEN MARCO POLO RENCONTRE L'EMPEREUR DE CHINE : KUBILAÎ KHAN.

À CETTE ÉPOQUE, QUAND ON A VOYAGÉ JUSQU'EN CHINE, CE N'EST CERTES PAS POUR Y RESTER DEUX OU TROIS SEMAINES ! PENDANT PLUS DE VINGT ANS, MARCO POLO SILLONNE CET EMPIRE ET Y DÉCOUVRE DES MERVEILLES.

DE RETOUR À VENISE, MARCO RACONTE CE QU'IL A VU : MILLE PALAIS RECOUVERTS D'OR, DES CHARRETTES DE SOIE, DES ANIMAUX FABULEUX, DES NOUILLES ET MÊME DU PAPIER IMPRIMÉ QUI SERT DE MONNAIE ! MAIS PERSONNE NE LE CROIT...

DÉSESPÉRÉ, MARCO POLO ÉCRIT ALORS EN 1298 "LE LIVRE DES MERVEILLES". DEUX SIÈCLES PLUS TARD, CE RÉCIT AURA UN LECTEUR PASSIONNÉ : UN CERTAIN CHRISTOPHE COLOMB...

CHINE

La Chine est également connue pour ses cirques extraordinaires

Approchez, mesdames et messieurs et surtout vous, les enfants !
Venez assister à la splendide parade des animaux du cirque !
Regardez nos incroyables phoques jongler avec des cerceaux !
Admirez l'adresse de notre écuyère avec ses chevaux qui dansent!
Riez avec nos chiens, nos chats et nos singes savants qui n'ont pas leur pareil pour faire des bêtises !
Et que direz-vous de Jumbo et Dimbo, nos éléphants danseurs ?

CIRCUS

日本
JAPON
大師宝号
南無大師遍照金剛
般若心経
仏説摩訶般若波羅蜜多心経
観自在菩薩 行深般若 波羅蜜多
時照見五 蘊皆空度 一切苦厄舎利子
色不異空 空不異色 色即是空 空即是色
受想行識亦復如是 舎利子 是諸法空相

Me voici au Japon, l'illustre « pays du Soleil levant » ! Mes lectures d'enfant m'ont fait rêver du monde des samouraïs, où le courage et l'honneur l'emportaient sur toute autre valeur.
Bien réel pendant des siècles, ce monde a disparu pour laisser place à une civilisation ultramoderne.

Fiers de leur haute technologie avant-gardiste, les Japonais adorent néanmoins revivre un peu de leur passé : au mois d'avril, Hanami, la fête des cerisiers en fleur, est l'occasion pour les Japonaises de revêtir les kimonos traditionnels et de se promener dans de magnifiques parcs afin d'admirer la nature.
Après quoi, chacun rentre chez soi afin de déguster le thé selon un rituel ancestral, ou pour arroser son bonsaï, cet arbre miniature en pot, aux branches soigneusement taillées, qui nécessite un entretien quotidien.

Après le Japon, cap au Sud vers la péninsule d'Indochine.
Me voici au Cambodge, dans la merveilleux temple d'Angkor.
Enfoui dans la jungle, il a longtemps été gardé par des tigres !
Quelques explorateurs courageux ont raconté comment,
au crépuscule, ils les ont observés, cachés derrière les lianes,
les blocs de pierre et les statues du Bouddha.
Par petits groupes, les félins parcourent les ruines en rugissant.
À la nuit tombée, ils retournent dans la forêt pour chasser à l'affût.

les tigres d'angkor

Sur l'île de Komodo vivent des varans géants qui font penser que le temps des dinosaures n'est peut-être pas complètement révolu! Avec une longueur moyenne de 2 à 3 mètres et un poids d'environ 80 kilos, le « dragon de Komodo » est le plus grand lézard de la planète.

Indonesia

Sur fond de mer bleue et de nature luxuriante, l'Indonésie, avec sa mosaïque de quelque 18 000 îles et ses 210 millions d'habitants, est l'archipel le plus vaste de la Terre. Il y a Sumatra aux jungles impénétrables, domaine des tigres, des ouistitis, des orang-outans et des petits éléphants; Bornéo aux fleurs merveilleuses, immense réserve pour la biodiversité; il y a l'île de Java, hérissée de volcans mal éteints; Bali, appelée aussi « l'Île des dieux » tant elle respire la beauté; Komodo, célèbre pour ses varans plutôt effrayants... et puis aussi Florès, Célebes, Timor et des milliers d'autres îles.

Je traverse l'océan Indien pour gagner l'Australie.

L'Australie est la plus grande île du monde. C'est à elle seule presque un continent. Je quitte rapidement la grande et belle ville de Sydney pour rejoindre mon vieil ami aborigène Paddy Napurrula Nayowbolmi : il me fait visiter l'Australie sauvage, ce qu'on appelle l'outback.

Après plusieurs jours de route où nous ne croisons quasiment personne, à part une petite foule de kangourous et quelques koalas, nous arrivons enfin au centre de l'Australie, au pied de la montagne sacrée des Aborigènes : Uluru (Ayers Rock). Balandika, un cousin de Paddy, m'initie à l'art difficile du boomerang. À l'origine, le boomerang était une arme de chasse ou de guerre. Quand le lanceur ratait sa cible, le boomerang revenait vers lui et pouvait ainsi être réutilisé.
Le soir venu, le vieux Dhuwarrwou charme les esprits en soufflant dans son didjeridoo. Un son grave et sourd envoûte toute l'assistance et je m'endors plein de rêves chamaniques.

Le lendemain, nous quittons la famille de Paddy : direction le nord tropical où j'espère rencontrer le célèbre dresseur de crocodiles « Crocodile Dundee ».
Mais j'arrive trop tard : il a eu un petit accident du travail !

Les Aborigènes

On appelle Aborigènes les premiers habitants de l'Australie.
Ils sont probablement arrivés dans le pays il y a 50 000 ans environ, quand l'Australie était reliée à l'Asie du Sud-Est par une bande de terre. Après la remontée des mers, ils restèrent isolés jusqu'en 1770, date de la « découverte » de l'île par le capitaine Cook qui la proclama aussitôt possession britannique ! Quand les immigrants venus d'Europe arrivèrent en grand nombre au début du XIXe siècle, les Aborigènes disparurent presque complètement, victimes des épidémies, des massacres et de la perte de leurs terres.

CROCODILE DUNDEE
THE AUSTRALIAN DAILY PAPER
WEDNESDAY, APRIL 2, 2009
YOUR LOCAL NEWSPAPER
PHONE 9977 3333 80c INCL. GST
Shark attack !
Le grand requin blanc est la terreur des plages australiennes.
NEXT 7 km

Le kangourou vit exclusivement en Australie.
C'est un marsupial, c'est-à-dire un mammifère qui porte sur le corps une poche dans laquelle le petit finit de se développer bien tranquillement au chaud.

Le kangourou ne court pas mais bondit comme un ressort sur ses pattes arrière articulées en Z.
Ses sauts sont spectaculaires : jusqu'à 10 m de long et 3 m de haut !
Aidé de sa grande et puissante queue qui lui sert de balancier pendant ses sauts, il peut atteindre la vitesse de 60 km/h.

Le didjeridoo des kangourous

Au centre de l'Australie se dresse la montagne sacrée d'Uluru. Depuis toujours, les premiers habitants des lieux, les aborigènes, racontent que lorsque l'on y joue du didjeridoo, les kangourous, charmés, s'approchent pour écouter la musique.

LES JEUX DES DAUPHINS

En Australie, nos amis les dauphins sont très nombreux.

De tous les hôtes de la mer, les dauphins sont les plus populaires. Particulièrement sociables, ils vivent en communautés d'une centaine d'individus, sans chef, collaborant pour la chasse et la défense mutuelle. On leur prête une intelligence exceptionnelle. Quand ils ne chassent pas, la principale activité des dauphins est le jeu. Mâles, femelles et jeunes : tous jouent ensemble, bondissant hors de l'eau en formation parfaite et lançant des petits sifflements.

Pour communiquer, les dauphins émettent des sifflements et des ultrasons. Pour se déplacer ou pour chasser, ils utilisent l'écholocation, c'est-à-dire la localisation des obstacles et des proies par l'écho : ils peuvent ainsi déceler des bancs de poissons à plusieurs centaines de mètres et aussi se déplacer dans le noir.

L'Australie est aussi connue pour sa Grande Barrière de Corail

Le monde du silence

Ces deux intrépides scaphandriers ne semblent pas se rendre compte que le véritable trésor qu'ils ont découvert n'est pas celui qui dort au pied de l'épave du galion, mais le monde merveilleux qui les entoure. Les fonds marins regorgent de trésors vivants !

Au milieu des algues et des coraux nagent des milliers de poissons multicolores et des étoiles de mer.

Des hippocampes observent la majestueuse pieuvre, fière de ses huit tentacules garnis de centaines de ventouses : va-t-elle réussir à déboucher cette bonne bouteille de porto 1656 rescapée du naufrage ?

Deux requins pèlerins ont découvert un fameux garde-manger : ils vont se régaler de centaines de sardines qui se croyaient bien à l'abri dans l'épave.

Pendant ce temps, des crabes et des homards se partagent les misérables arêtes d'un poisson déjà bien entamé. Un homard s'est caché dans un canon : il attend patiemment qu'un poisson malchanceux passe pour l'attraper. La murène utilise le même stratagème mais tapie sur le sable, cachée entre des algues et des coraux.

Traversant l'océan Indien à destination de l'Antarctique, nous croisons les requins

Voici le grand requin blanc, le plus redoutable prédateur des océans. Son nom vient du mot latin "requiem" qui désigne la messe des morts. Tout un programme...

Avec ses 7 m de long pour plus d'une tonne de muscles, ce requin a déjà de quoi inspirer la terreur. Mais c'est à sa mâchoire que le grand blanc doit sa célébrité : garnie de plusieurs rangées de dents tranchantes automatiquement remplacées quand elles sont usées, cette mâchoire peut venir à bout de n'importe quelle proie : des thons ou des espadons sont régulièrement inscrits à son menu, mais aussi des mammifères marins tels que les otaries, les phoques et les dauphins, ainsi que des oiseaux de mer et même parfois d'autres requins.

La détection des proies se fait à l'aide d'un odorat ultradéveloppé : le nez du grand requin blanc est son principal centre nerveux, ce qui lui permet de détecter quelques gouttes de sang en plein océan.

Il doit nager en permanence pour apporter à l'organisme l'oxygène nécessaire.
Il mène une existence solitaire en haute mer, dans des eaux tempérées.
Omniprésent dans l'océan Pacifique, notamment au large des côtes californiennes, hawaïennes et australiennes où il fait la terreur des surfeurs.
Néanmoins, sa réputation de mangeur d'hommes est largement exagérée car on ne recense que quelques dizaines de cas mortels lors des 50 dernières années.

Me voici loin de toute terre habitée, près du pôle Sud, en Antarctique !
Les manchots de l'Antarctique sont rarement réunis en famille : quand la maman couve l'œuf d'où naîtra son petit, le papa va chercher à manger à des centaines de kilomètres, puis c'est au tour du papa de nourrir le petit et à la maman d'aller pêcher, et ainsi de suite.
Bref, rares sont les occasions pour les manchots de se retrouver en famille !

Mais cette fois, c'est différent : monsieur le phoque a invité quelques amis manchots pour fêter son anniversaire.
« Peut-on venir en famille ? » avait demandé papa pingouin.
« Bien sûr », avait imprudemment répondu le phoque.
Le problème, c'est qu'avec les cousins et les cousines, les oncles et les tantes, les cousins des cousins, etc., c'est 100 000 manchots qui se retrouvent pour faire la fête !

Banquet sur la banquise
à suivre...

Accompagne-moi dans la suite de mon voyage : je serai bientôt

EN AMERIQUE !